WATERLOO

PARIS

E. DENTU, LIBRAIRE-ÉDITEUR

PALAIS ROYAL, 13 ET 17, GALERIE D'ORLÉANS

1864

WATERLOO

PARIS

IMPRIMERIE DE L. TINTERLIN ET Cie,

Ruelle des Bons-Enfants, 3.

A M. LOUIS VEUILLOT

WATERLOO

M. Louis Veuillot vient de faire sa brochure, comme M. le duc d'Aumale. Après la strophe, l'antistrophe. Nous l'attendions. L'homme d'État avait tracé le programme de la restauration orléaniste : l'homme d'Église devait se trouver là tout prêt pour les funérailles de l'Empire !

Ainsi se poursuit cette conspiration savante et persistante contre le gouvernement de l'Empereur !

M. Veuillot a intitulé sa brochure : *Waterloo.* Faisant l'inspiré et se posant en prophète, l'ancien rédacteur de l'*Univers* nous jette le nom de Waterloo comme une prédiction : « Le second Waterloo serait plus formidable que le premier... Le premier Waterloo fut une catastrophe, le second serait un cataclysme... La France sera encore la grande vaincue dans ce second Waterloo, plus désastreux que le premier, vaincue des mêmes ennemis, vaincue par suite des mêmes fautes. »

Et cela à cause de l'entrée prochaine des troupes italiennes dans Rome et de la chute du pouvoir temporel de la Papauté : « Je ne veux pas essayer ici le tableau de cette destruction. Il n'y a plus rien à dire après tant de voix éloquentes qui se sont élevées depuis deux ans. La science sacrée, la science politique, la conscience, la raison ont parlé tour à tour. Ceux qui les ont entendues ont appris à aimer la justice et à croire que Dieu seul est puissant et éternel. Ceux qui leur ont fermé l'oreille entendront le tonnerre. Hélas! ce qui fait l'angoisse de nos cœurs, à nous fils catholiques de la France, ce n'est pas la crainte que Dieu ne soit pas vengé. »

Telles sont les dernières lignes de la brochure. Si M. Veuillot a parfois eu quelque verdeur comme polémiste, il devient passablement nébuleux dès qu'il se travestit en apôtre. On a peine à le comprendre : on se demande s'il s'est bien compris lui-même. Cependant, à certains éclairs de haine on découvre le fond de sa pensée, à savoir : que l'Empire doit tomber pour avoir laissé tomber la Papauté. Et il regarde cette chute pontificale comme tellement inévitable, qu'il ne tente même plus rien pour la prévenir. C'est déjà pour lui comme un fait accompli contre lequel il se contente d'invoquer les futures vengeances.

M. Veuillot, en choisissant le sujet de Waterloo, a voulu faire une malice; mais il a pris là un texte qui ne lui est point familier. Il rappelle ce curé de village qui, ayant à faire un sermon de circonstance et n'y étant point suffisamment préparé, commence d'une manière solennelle, puis cherche ce qu'il veut dire, s'embrouille dans ses périodes, et de qui, finalement, les forces trahissent la bonne volonté. Il est naturel que M. Veuillot, qui a toujours les yeux tournés vers le passé, connaisse mal les douleurs nationales de notre époque ; et malheureusement il n'a point de visions divines qui lui tiennent lieu de la philosophie de l'histoire.

Nonobstant, M. Veuillot a traité Waterloo en douze points.

Jusqu'ici on avait cru que c'était la révolution qui avait été vaincue à Waterloo. M. Veuillot change tout cela. Il a trouvé que c'était le catholicisme. Et ça lui paraît évident, puisque les Français vaincus étaient catholiques et que les Anglais et Prussiens vainqueurs étaient protestants. N'envisageant ainsi que le côté extérieur des choses, M. Veuillot n'a fait qu'un mauvais calembour historique. Ce n'est point, chacun le sait, à la France catholique qu'on faisait la guerre, mais à la France révolutionnaire. On l'a bien vu au résultat de nos désastres. Les révolutionnaires furent proscrits et ce sont les partisans les plus outrés du régime catholique et féodal qui furent ramenés au pouvoir par l'étranger. L'histoire leur a conservé le nom d'*ultra*. Les vainqueurs sont ceux qui règnent au lendemain de la victoire. Les *ultras* sont les vrais vainqueurs de Waterloo.

Si les soldats français qui ont combattu à Waterloo avaient reçu le baptême catholique, en réalité ils étaient catholiques comme Voltaire. Aussi furent-ils traités de brigands de la Loire par les émigrés qui faisaient les bons catholiques. Si le catholicisme a été vaincu à Waterloo, pourquoi donc les prêtres ont-ils entonné le *Te Deum* de Waterloo ? Est-ce qu'on a oublié de quel côté étaient les vœux du Pape et pour qui ses bénédictions ? Il ne voyait toujours dans les soldats français que les hommes de Tolentino avec les mêmes principes et le même général. En quel temps l'Église a-t-elle eu plus de faveurs ; entre mille autres ne se rappelle-t-on plus la loi du sacrilége ? Si tout ce qui existait avant 89 n'a point été restauré complétement, ce ne fut point la faute de l'Église. En attendant, le catholicisme était redevenu religion d'État : serait-ce là une preuve de défaite ?

Mais si M. Veuillot viole aussi impudemment l'histoire, c'est qu'il tenait à arriver à cette conséquence : que la France, pour se relever de Waterloo, doit renforcer le catholicisme ; qu'ainsi l'expédition de Rome a été pour elle une revanche et, au contraire, la guerre d'Italie un échec. — On eût voulu ruiner une proposition par la réduction à l'absurde qu'on n'eût pas autrement fait.

Il y a des gens pour qui toutes armes sont bonnes. Ainsi M. Veuillot s'est dit : Je parlerais encore du martyre du Saint-Père, on ne m'écouterait guère. Je m'efforcerais même d'attendrir les cœurs par l'immaculée-conception de la très-sainte Vierge, que maintes gens pourraient me rire au nez. J'ai invoqué les saints et je n'ai pas été exaucé. Mais si je prends les Français par leur faible, ils m'écouteront. Je leur dirai donc qu'il faut de plus en plus se relever de Waterloo, et à la faveur de ces paroles magiques j'essaierai de leur prouver que s'ils ne remettent pas complétement le catholicisme en honneur, ils retomberont dans un Waterloo. — Mais ce n'est là qu'un misérable paradoxe.

Aussi faut-il voir avec quelle abondance, pour prouver une pareille thèse, les inepties s'enchaînent.

Dans l'impossibilité de nier que toutes les puissances d'Europe étaient coalisées contre la France et que, par conséquent, si elle a succombé écrasée sous le nombre, il y avait des puissances catholiques parmi les ennemis qui l'ont accablée, M. Veuillot se félicite que les puissances immédiatement victorieuses aient été des nations protestantes : « L'Angleterre et la Prusse, l'une l'épée du protestantisme, l'autre son berceau, et avec elles les soudoyés protestants du Hanôvre et de la Hollande. De cette dernière et sanglante scène, Dieu écarte les catholiques ; les mains qui accompliront son arrêt ne seront pas fratricides. Le fratricide sera commis plus tard à Vienne contre la Pologne, contre la Belgique, contre Malte, contre les peuples catholiques du Rhin, mais ce ne sera pas l'épée, ce sera la plume des diplomates qui fera cet office. Habituellement Dieu ménage l'honneur de l'épée, il n'est pas le Dieu des chancelleries. » — Mais est-ce que l'Autriche apostolique n'a pas envahi la France en 1814, et si ses soldats ne se sont pas trouvés en ligne en 1815 en était-elle moins dans la coalition, en prit-elle moins part aux dépouilles ? L'invasion de la France était-elle moins un crime en 1814 qu'en 1815 ? L'Autriche ne s'est pas plus abstenue de ce fratricide contre la France dont elle a occupé la capitale, qu'elle ne s'en était abstenue contre la Pologne dont elle avait violemment pris sa part en 1772.

M. Veuillot s'écrie : « Tout l'avantage du traité de Vienne fut pour les nations protestantes, toute

la perte pour les nations catholiques : le protestantisme y consomma son triomphe de Waterloo. » —
Nous ne savions pas que, dans le Congrès, M. le prince
de Metternich eût été moins influent que lord Cast-
lreagh ou Hardenberg. Il n'y a pas une nation dont
le Pape ait pris la défense et pourtant son ambassa-
deur était au Congrès. Mais l'Autriche, bras sécu-
lier du catholicisme, prit le plus qu'elle put. Les
traités de 1815 ont établi pour cinquante ans la pré-
pondérance de l'Autriche : c'est dans sa capitale que
le Congrès s'est tenu, non à Londres, ni à Berlin.
Et tout a été calculé pour qu'elle fût le point d'é-
quilibre de l'Europe restaurée.

Aucune idée de catholicisme ni de protestantisme,
n'a inspiré les décisions du Congrès. L'Angleterre
n'a pas gardé Gibraltar et Malte parce qu'ils sont
catholiques, ni conservé les îles Ioniennes quoiqu'elles soient de rite grec. Et si l'Espagne a perdu
ses colonies ce n'est point parce que « l'Espagne est
une nation catholique, la nation catholique où le
protestantisme avait le moins d'accès. » (Voilà son
crime, dit plaisamment M. Veuillot.) Mais c'est pour
un motif colonial et non pour un motif religieux que
l'Angleterre a soutenu l'indépendance des colonies
espagnoles : M. Veuillot aurait-il la naïveté de croire
qu'en Angleterre la préoccupation religieuse domine
à ce point les intérêts industriels?

M. Veuillot ne se pique pas de logique. Autrement, comment aurait-il perdu de vue que c'est
l'Angleterre qui soutint l'Espagne contre Napoléon:
Serait-ce parce que l'Espagne penchait alors vers le
protestantisme? Chacun sait qu'elle combattait sur-

tout pour conserver sa vieille organisation royale et monacale. Ainsi, l'Angleterre appuie l'Espagne parce qu'elle est catholique, contre la France en qui elle combat le catholicisme ; et puisque l'Espagne est catholique, elle aidera à l'affranchissement des colonies espagnoles, qui sont et restent catholiques. On voit que le champion quand même du catholicisme ne recule devant aucune contradiction.

« La Sainte-Alliance est une œuvre du protestantisme ! » Le but, ou, si l'on veut, l'inspiration de la Sainte-Alliance, fut, dit-il, d'humilier la religion catholique. » Or, l'Angleterre refusa d'en être jamais, et la France de Louis XVIII se hâta d'y adhérer. Ce fut un acte personnel entre les trois souverains de l'Autriche catholique, de la Prusse protestante et de la Russie orthodoxe. Si c'est Alexandre Ier qui le conçut, c'est François II qui y apposa le premier sa signature. M. Veuillot en ignorerait-il le premier article ? « Conformément aux paroles des saintes Écritures, qui ordonnent à tous les hommes de se regarder comme frères, les trois monarques contractants demeureront unis par les liens d'une fraternité véritable et indissoluble, et, se considérant comme compatriotes, ils se prêteront en toute occasion et en tout lieu, assistance, aide et secours ; se regardant envers leurs sujets comme pères de famille, ils les dirigeront dans le même esprit de fraternité pour protéger la paix, la religion, la justice. »

Cet acte était un effort pour trouver une formule supérieure au nom de laquelle la coalition des catholiques, des schismatiques et des protestants, pût être permanente contre la révolution française. En fait, ce fut un contrat d'assurance mutuelle entre les princes contre les mouvements quelconques de leurs peuples respectifs. M. Veuillot a la mémoire bien courte , mais ne serait-ce pas par la sainte-alliance que le constitutionalisme de Naples et du Piémont a été comprimé en 1821 et que l'Espagne libérale de 1823 a été rendue à l'absolutisme de Ferdinand VII. La sainte-alliance est née du partage de la Pologne, elle a grandi dans la lutte contre les armées de la République et de l'Empire : ce n'est point contre le catholicisme, mais contre la révolution qu'elle est dirigée. L'église en a reçu de trop fréquentes protections pour avoir le droit de la renier. Et M. Veuillot n'a point qualité pour la maudire en son nom.

M. Veuillot, oubliant de temps en temps sa thèse, ne glorifie-t-il point la réunion des ambassadeurs à Gaëte. Ceux qui ont protégé le Pape n'étaient point tous catholiques. Si l'Autriche appuya la restauration pontificale ce fut moins assurément par amour de la Papauté qu'en haine de la nationalité italienne. Et l'Autriche n'était point seule à penser ainsi.

M. Veuillot décore ce qui se fit alors du nom de croisades ; mais il y avait bien là quelque chose qui rappelait l'expédition du Trocadéro. Et les sentiments qui animaient la majorité des puissances apparurent bien à la résistance encouragée contre l'exécution de la lettre de M. le président à Edgard Ney. La sainte-alliance domina les conseils. M. Veuillot ne s'en plaignait pas alors. Mais comment se fait-il qu'il admire la providence visible à Gaëte, lui qui proclamait tout à l'heure que Dieu n'est pas le Dieu des chancelleries.

L'une des choses les plus divertissantes de la brochure de M. Veuillot, c'est de le voir dogmatiser le principe des nationalités. Nous citerons textuellement le passage :

« On ne s'occupa (au Congrès de Vienne) ni de la configuration matérielle du sol ni de la conformation morale des peuples. La sagesse et la bonté de Dieu s'abaissent à de tels soucis ! Sur la surface du globe, Dieu a formé des demeures pour les peuples et circonscrit des apanages pour les diverses branches de la postérité d'Adam. Les frontières qu'il leur a données sont les chaînes de montagnes, les grands fleuves, les mers. Là dedans il a mis des hommes qui parlent la même langue ou du moins des dialectes dérivés de la même source. Il a donné à ces hommes les mêmes penchants, les mêmes passions, les mêmes aptitudes, les traits de famille, enfin ; de telle sorte que la vie et l'œuvre communes leur devinssent plus faciles et que chaque peuple demeurant *un* pût accomplir avec plus d'énergie sa mission particulière, et en même temps conservât dans sa nationalité, comme dans une forteresse, ou une partie ou la somme des doctrines qui constituent le patrimoine divin de l'humanité. C'est avec ce respect pour leur dignité et avec cette prévoyance paternelle pour leur liberté que Dieu a voulu traiter les nations. Dans ce plan visible, réunies intellectuellement par la Vérité que leur distribue d'une même voix et d'une même langue le Verbe divin, comme du même ciel elles reçoivent l'air et la lumière, réunies en haut, elles demeurent libres de s'allier sans être obligées de se confondre ; elles restent distinctes pour s'évertuer dans le travail de la civilisation auquel doit concourir la diversité des génies, pour se secourir dans leurs besoins, pour se défendre contre leurs défaillances, pour rompre, par la diversité des mœurs et par l'obstacle des frontières, ces courants de mort que l'erreur et le despotisme font passer sur le genre humain. »

Une telle conversion ne serait-elle pas admirable si elle était sincère. On se souvient d'avoir vu l'*Univers* jeter tant d'amers dédains contre les nationalités : « Est ce qu'on parlait autrefois de l'amour de la patrie? » s'y écriait-on d'un air béat. Et avec quelle allégresse de cœur on y applaudissait cette phrase du journal romain, au lendemain de la restauration papale : *La nationalité est une idée infernale.*

Mais le principe des nationalités n'y gagnera rien pour avoir été accepté un instant par M. Veuillot. Ce n'est qu'une inconséquence de plus dans sa phraséologie, un texte à argumentation.

Si le principe de nationalité est un principe sacré, il doit être respecté chez tous. Or, M. Veuillot ne voit dans la Hollande « qu'une nation d'aventure ». Ce n'est point pour aider à faire disparaître de la Belgique la religion catholique que la majorité des puissances attribua, à Vienne, la Belgique au roi de Hollande, mais pour élever contre la France une barrière plus forte et éviter de livrer Anvers à l'Angleterre, en créant un petit État faible, qui devint, de fait, une préfecture anglaise.

M. Veuillot parle de la Pologne, moins évidemment pour lui venir en aide que pour chercher un argument contre la politique du gouvernement. Il dit : « La Pologne s'est relevée sur ses genoux et montrant son linceul plein ce sang, elle a cru que l'on verrait qu'elle est encore vivante. Le *Moniteur* lui a dit : Recouche-toi ! » On sent que le bon apôtre ne serait pas fâché de pouvoir dire : C'est tout comme en 1831 ; exactement comme d'autres disaient : Pourvu que l'Empereur ne fasse rien pour l'Italie, puisque cela le populariserait et le consoliderait. — La Pologne a besoin d'un acte non de vaines paroles. Louis-Philippe lui donna des paroles et ne fit rien. La Papauté ne lui envoya même pas une parole favorable. Grégoire XVI, dans son encyclique de malédictions. en l'année 1832, n'a-t-il pas dit : Obéissez à votre magnanime empereur Nicolas.

Et l'Italie? N'a t-elle pas droit à sa nationalité. Et y avait il une nationalité possible en Italie, tant qu'elle était coupée en deux par les États de l'Église. Que serait la France sans sa capitale. Pourquoi l'Italie serait-elle privée de la sienne? Est ce que l'Italie peut avoir une autre capitale que Rome. Ne voit-on pas déjà la difficulté que donne à l'Italie l'absence de sa capitale, grâce surtout aux intrigues qui se sont nouées dans Rome, entre tous les ennemis de l'Italie? Heureusement la fin approche.

Les nations catholiques, pour M. Veuillot, ce sont l'Autriche, l'Espagne et les Deux-Siciles, ayant autour d'elles la Bavière, le Portugal. les principautés italiennes. On voit de quelle singulière façon il comprend le principe des nationalités. Nous avons à peine trouvé une seule ligne sur l'Irlande dans toute la brochure. Et pourtant quel peuple s'est plus sacrifié pour la Papauté.

En revanche, nous y trouvons que « quatre nationalités distinctes : Modène, Parme, Florence et Naples, ont disparu dans l'incendie » (Voir ci-dessus, le principe des nationalités posé par M. Veuillot). Nous citerons encore cette phrase bizarre : « Rome plus importante que toutes les autres (nationalités de l'Italie) Rome, qui est la nationalité italienne elle-même, semble à la veille de disparaître. » Rien de plus logique, par conséquent, si Rome est la nationalité italienne elle-même, qu'elle appartienne à tout le monde excepté aux Italiens.

M. Veuillot en revient toujours aux beaux temps de l'expédition de Rome : « Les bénédictions de Dieu descendirent sur la France, s'écrie-t-il

.. La paix et l'amitié régnaient entre les nations qui s'étaient réunies à Gaëte, les prospérités pleuvaient sur chacunes d'elles et toutes étaient heureuses de leur destin.

La grande France catholique se voyait l'arbitre de l'Europe et il n'existait pas dans le monde un peuple opprimé qui n'espérât d'elle la délivrance et qui ne fût de quelque manière son protégé.... Ce bel horizon s'est chargé de tempêtes, les astres propices ne brillent plus. Que deviennent les espérances des peuples? » A qui ferait-on croire que les espérances des peuples soient moins grandes aujourd'hui après le relèvement de la nation romaine et de l'Italie qu'après le siége de Rome et au moment même de l'abandon et étouffement de la Hongrie

Ce que M. Veuillot regrette, c'est ce que M. de Montalembert « appelait une guerre de Rome à l'intérieur » : tous les vœux légitimes, dit-il, pouvaient se faire entendre. Rien de plus plaisant que ses injures sur les écrivains, sur ces « escuades illétrées, » « ces employés de plume et de paroles. » sur les spéculateurs en librairie qui réimpriment Voltaire à l'usage du peuple : « Tous les jours cent valets de presse insolemment dénués de décence et de culture se lâchent sur l'Église, diffament ses dogmes, sa morale, ses institutions, ses ministres, ses œuvres, se donnent impunément carrière contre la foi de leurs concitoyens, traitent impunément de *vermine* les Petites Sœurs des Pauvres et les sœurs de charité... » — A de telles sorties, nous retrouvons là le vrai Veuillot.

Il s'est laissé dire qu'il y avait dans cette façon d'écrire beaucoup de talent. Nous nous permettrons de trouver que cela rappelle un peu les soubrettes de Molière, fortes en gueule et le poing sur la hanche. Qu'on puisse impunément discuter la foi de M. Veuillot, y pensez-vous? Vite une bonne loi du sacrilége. Et comme ensuite il est bienvenu à se plaindre de n'avoir plus le journal l'*Univers*, qui n'était pour lui qu'un instrument d'invectives quotidiennes : « Il y a des écrivains sur qui pèse l'interdit ; leur indignité c'est d'être catholiques ; leur seul délit est d'être catholiques. » — Non, Monsieur, mais ce n'est plus un privilége. Ne dirait-on pas qu'aucun catholique n'a le droit de plus rien écrire. Il n'y a plus ni catholiques sans doute dans le *Monde*, ni dans l'*Ami de la Religion*, ni dans l'*Union*, ni dans la *Gazette de France*. Hors de Veuillot, il n'y aurait donc plus de catholicisme !

Nous aimons cependant mieux encore M. Veuillot en colère que M. Veuillot paterne et prêchant. Quand il veut s'élever dans les airs, à l'exemple de l'Aigle de Meaux, il ressemble trop vite au corbeau de la fable, qui, voulant faire l'aigle, s'empêtra les pattes dans le mouton et resta à terre.

Voici un échantillon de son style : « Ainsi, elle (la France) continuait de guerroyer contre Dieu, contre l'ordre et contre elle-même... p. 10. — Il était à Gaëte, en exil, et la tempête victorieuse agitait le monde. Mais à Gaëte le Pape n'était pas seul. Sous l'humble toit qu'il habitait, dans cette frappante image de la petite frêle barque de Pierre, les nations catholiques, etc... — Et là, comme soudain réveillée de son sommeil plus que séculaire, l'intelligence politique des nations catholiques se retrouva. Elle comprit, elle entrevit tout au moins que cette *nacelle*, livrée aux orages et emportée si loin dans la mer, était pourtant le dernier abri de l'autorité, le dernier *rempart* de la civilisation, l'unique *sol* où le pied humain se pût poser avec sécurité... p. 13 et 14. — On peut contester aujourd'hui sur les prévisions cachées qui se trouvaient dès lors au fond des conseils du gouvernement... p. 14. — Sédition, peste, famine, guerre, tout avait passé, et il ne restait, de tout, que l'espérance, voisine de la sécurité, et la gloire... p. 16. — La France était la force en qui l'ordre et la justice espéraient... p. 28. »

Nous ne contesterons point, pour peu que l'on y tienne, que M. Veuillot soit le premier des écrivains catholiques. Mais nous ferons remarquer que ce n'est point là le ton, l'accent, le style des hommes à qui l'avenir appartient. Ajoutez-y les illustrations célébrées par M. Veuillot lui-même, les Gerbet, les Parisis, les Pie, les Guibert, les Plantier, les Montalembert ; leurs phrases de rhéteur vous rappelleront non la foi des apôtres, mais l'impuissance lettrée des païens de la décadence.

M. Veuillot se plaint que le mot clérical soit employé presque comme une injure, que pour la presse les catholiques soient maintenant des cléricaux. Il nous donne cette leçon : « Étymologiquement et historiquement, parti clérical signifie parti de la science et parti de la religion. Un clerc a toujours été un homme instruit... » Mais à qui la faute si le mot s'est dégradé. Le peuple juge des mots comme des noms, moins d'après le dictionnaire et le blason que par la valeur de ce qu'ils représentent. Les partis et les sectes peuvent comme les individus anoblir ou ternir les noms qu'ils portent. Tout dépend de leurs actes. La signification des mots et des noms change avec les générations. Ce n'est pas la faute du public si clérical pas plus que féodal n'a plus le même lustre qu'au moyen âge, si un jésuite est aujourd'hui ce qu'était autrefois un pharisien.

M. le duc d'Aumale, méconnaissant les efforts du gouvernement de l'Empereur pour concilier des intérêts opposés, et pousser au progrès par des concessions arrachées d'un côté comme de l'autre, avait écrit : Le gouvernement a deux faces et il les montre tous les jours et toutes les deux à la fois. M. Veuillot ne pouvait manquer de développer le même thème ; il l'a fait à peu près de la même façon quoiqu'en moins bons termes : « On dit à la France qu'elle est la protectrice de Rome, et elle se voit la patronne et l'auxiliaire du Piémont ; on lui dit qu'elle est la gardienne des intérêts catholiques, et elle a tout lieu de se croire l'alliée dévouée de l'Angleterre, à moins qu'elle ne soit l'alliée dévouée de la Russie ; on lui dit qu'elle veut et qu'elle impose la paix, et de quelque côté qu'elle tourne l'oreille, elle n'entend que des bruits de guerre... etc. »

Au fond, le seul reproche que les orléanistes et les cléricaux fassent au gouvernement de l'Empereur, c'est de ne pas vouloir être un gouvernement de partis, le gouvernement des bourgeois et des prêtres. Mais en régnant dans l'intérêt de toutes les masses françaises, s'il perd dix d'un côté à mécontenter quelques sommités et notables, il gagne d'un autre côté cent mille à prendre en mains la cause du plus grand nombre.

M. Veuillot nie l'influence « de ces fameux vieux partis qui n'empêchent nullement le pouvoir de faire ce qu'il veut, qui ne jettent pas une contradiction de vingt voix dans le scrutin définitif des assemblées, qui ne produisent nulle part une émotion quelconque. » — Et pourtant on sent qu'il est enrôlé dans leurs rangs et qu'il y fait sa partie.

Après avoir dit que jamais depuis un demi-siècle la liberté d'écrire ne fut plus restreinte, il rappelle comment sous Louis-Philippe « le gouvernement se laissait provoquer, la presse officielle avait la pudeur de se taire et la presse religieuse ne portait pas le bâillon. » — M. Veuillot donne par ces mots le secret de son parti. Ce que veut le parti prêtre en fait de presse c'est que l'État ne se mêle de rien, et laisse faire, que l'Église ait une latitude absolue, et alors que pourront en face d'elle, puissante, riche et organisée, des individus laissés à eux-mêmes. La liberté du bien pourra ainsi régner toute seule !

Depuis qu'il n'a plus l'*Univers*, M. Veuillot voit tout en noir : « En somme, la France ne se connaît pas une route, ne se prévoit pas un lendemain, n'est assurée ni de ses alliances, ni de son industrie, ni de

l'espace que ses institutions laissent à la liberté, ni
de l'indépendance de son culte. — Quant aux autres
peuples catholiques, l'Italie reste dans le feu, la Pologne dans le tombeau, la Belgique dans la peur, le
Portugal dans la fange ; plus malheureux, le Piémont reste le bras armé du sacrilége. » Il convient
lui-même que c'est un tableau lamentable.

Quand il était rédacteur en chef de l'*Univers*,
M. Veuillot était presque un personnage, l'insolence
aidant. Il réussissait quelquefois des boutades, et
plus l'invective était scandaleuse plus il avait de
succès. Ça ne convertissait personne, mais ça diver-
tissait les Parisiens. Il ne parvient pas à obtenir un
succès de livre, pas même de brochure : quand il fait
une œuvre de longue haleine, cette œuvre pèche
par la composition. M. Veuillot n'est qu'un écrivain
poussif.

Il a perdu tout prestige en perdant son journal.
Napoléon disait que les hommes, comme les chiffres,
ont deux valeurs, une valeur absolue et une valeur
de position. Un zéro peut ainsi valoir beaucoup par
la place qu'il occupe. Isolé il n'est rien. Il est aisé
de voir aujourd'hui ce que valait par lui-même
M. Veuillot.

M. Veuillot n'est pas un homme en qui brûle la
pure foi chrétienne. Il a pris la défense de l'Église
en vrai procureur. Il ne recourt qu'à des arguties de
palais. Si bien qu'à le lire, on se prend à ne voir en
lui qu'un méchant avocat d'une cause perdue.

Nous ne voulons point faire ici sa biographie. Mais
puisqu'à propos du Pape et de la diplomatie il avait
trouvé bon d'esquisser celle d'un conseiller d'État et

de raconter les diverses étapes qu'il avait parcourues avant d'en arriver au service de l'Empire, M. Veuillot ne saurait trouver mauvais qu'on rappelle comment il a été un des écrivains ministériels salariés de Louis-Philippe, avant de se vouer à la défense de la religion. Il a plus étudié Voltaire que les Pères de l'Église. S'il retourne parfois assez plaisamment les armes de Voltaire contre les disciples de Voltaire, l'Église y gagne peu.

Lui qui avait encensé les d'Orléans à beaux deniers comptants, il écrivait au lendemain de février : Jamais trône n'a croulé d'une manière plus humiliante. Parlant de l'Europe, il ajoutait : La monarchie meurt de gangrène sénile. Et il se proclamait républicain. Puis il crut au retour d'Henri V et se faisait blanc. Enfin il vit dans le bonapartisme le flambeau civilisateur. Aujourd'hui il retourne à l'orléanisme ses premières amours.

Son journal l'*Univers* a été un véritable scandale. Les supérieurs ecclésiastiques le trouvèrent compromettant, son style si fréquemment poissard alarmait les âmes pieuses.

Il avait été condamné par les évêques longtemps avant d'être supprimé par le gouvernement.

Personne n'a plaint M. Veuillot. Quand on a osé soutenir que c'eût été un bienfait pour l'humanité qu'on eut brulé Luther et Calvin, Voltaire et Rousseau, on n'a pas le droit de réclamer la liberté pour soi.

Ce qui domine chez M. Veuillot, c'est la haine de la Révolution. Aussi cite-t-il avec empressement le mot de M. Joseph de Maistre : La Révolution est satanique. Il aurait pu noter aussi dans les écrits posthumes du fameux comte papiste, cette parole contre une puissance pour laquelle il a un faible : *L'Autriche, cette grande ennemie du genre humain.*

M. Veuillot a cru longtemps qu'il avait une aptitude théologique exclusive. Il s'est toutefois révélé chez lui un beau matin un zèle particulier pour le développement de l'industrie. On n'a pas oublié qu'il passa momentanément des bureaux de l'*Univers* religieux au conseil des chemins de fer romains, en compagnie de M. Mirès.

M. Veuillot se rengorge parfois à la pensée qu'il est du même pays que saint Bernard et Bossuet. Heureuse Bourgogne ! Mais, en réalité, M. Veuillot, peu lettré, mais plein d'une certaine séve de terroir, n'a guère pour tout talent que ce que les paysans bourguignons appellent une bonne loquence, c'est-à-dire la facilité d'avoir toujours le dernier mot.

M. Veuillot a découvert que la France possède en ce moment beaucoup d'évêques martyrs. « Des prêtres vénérables, dit-il, sont traduits en justice pour avoir colporté quelques pages de réfutations. » — Et pour autre chose aussi. Témoins certains capucins et ignorantins. — « Sous peine de procès, d'amende, de bannissement, il est enjoint aux évêques de ne rien craindre et dans tous les cas de ne rien dire. » — Et cependant Mgr Pie, pour avoir fait une diatribe épiscopale dans laquelle Napoléon III était comparé à Pilate : Lave-toi les mains, Pilate ; n'a été traduit que devant le conseil d'État comme d'abus.

— Quant à « cette suite de menaces toujours plus âpres lancées l'un sur l'autre pour imposer silence à la conscience tourmentée des évêques, » il faut convenir que les tourments de leur conscience se sont richement épanchés en doléances même violentes : témoin M. Dupanloup.

La politique de l'Empereur est dénoncée comme il suit : Le Piémont dépouille l'Église sans perdre pour cela le patronage de la France ; le chef de l'Église, dans sa détresse, est officiellement accusé en France d'entêtement et d'ingratitude ; un prince tourne en dérision les douleurs de l'Église, et les *bravos* concédés à son élocution facile sont administrativement signalés à la France comme un succès de la dynastie.

Comme il serait plus noble de dire au Pape, comme pour le *Memorandum* de 1831 : Vous ne voulez faire aucune réforme, Saint-Père ; c'est bien. Et, par conséquent, de le laisser torturer ses sujets pour les maintenir dans l'obéissance, ou mieux de l'y aider. Ce serait plus politique de nous brouiller avec Victor-Emmanuel pour qu'il ne puisse faire une nation italienne, et de déconsidérer ainsi la royauté qui alors n'en aurait pas pour longtemps. Ne serait-ce pas un grand bonheur, si au lieu de voir au sénat un prince patriote et grand orateur, nous avions derechef à la pairie des princes d'Orléans muets, ou si nous revoyions des Bourbons de la branche aînée suivre les processions.

M. Veuillot gémit sur le sort du Pape : « En présence du chef de l'Église, seul et prisonnier sur un calvaire de détresse, peut-être incomparable depuis le jour où le monde apprit que l'évêque Remi venait

de baptiser Clovis et le peuple franc... . » — Quelle
idée et dans quel style !

Viennent les allusions : « Le conseil et le triomphe
de l'esprit anti-catholique sont assez visible, on le
reconnaît assez dans le stoïcisme véritablement
fanatique et implacable qui, malgré tant de liens,
tant de droits, tant de pressants appels de l'honneur
et même de l'intérêt, a laissé le roi de Naples périr,
abandonne Pie IX et condamne l'Autriche à bouil-
lonner dans une cuve de fer entourée de brasiers. »

Ajoutez l'éloge de la dynastie de Naples : « Les
Deux-Siciles vivaient tranquilles comblées de biens
temporels sous un roi populaire et respecté (Il s'agit
de Ferdinand II, surnommé *Bomba* : qui le dirait?)
Quoi le jeune et pur François II et le trône catholique des Deux-Siciles écrasés dans Gaëte sur cette
pierre où, dix années auparavant, le vicaire de Jé-
sus-Christ avait reposé sa tête proscrite! Oui,
ainsi Dieu l'a permis.» — Et c'est ce qui étonne
M. Veuillot.

Il n'en prophétise pas moins : « Dieu qui met,
quand il le veut, la vie dans les tombeaux, qui abandonne à ceux qui le haïssent l'empire du monde
comme un présent de nul prix, dit Bossuet; Dieu
qui abat et qui relève! Et rien ne prouve encore que
le sanglant débris de Gaëte soit un tombeau, et que
M. de Cavour saura installer quelque part, trans-
formé en trône, l'escabeau qu'il a déménagé de
Turin. »

Prophétie contre l'Autriche : « L'Autriche chan-
celle... Elle abaissait de plus en plus l'Église sous le
poids et la flétrissure du joséphisme, dont le galli-

canisme parlementaire n'est qu'une forme ébauchée.
Elle s'entendit avec la France de 1830, pour présenter au gouvernement du Saint-Père ce *memorandum*
si souvent allégué et si savamment exploité, par lequel on lui conseillait de faire chez lui des réformes
et de se mettre au pas de l'esprit humain...

« L'Autriche, malgré la force et la fidélité de son
armée qui glace encore *d'effroi la valeur garibal-
dienne*, subit une crise dont les meilleurs esprits
doutent qu'elle se puisse tirer : la Révolution la
presse au dehors, la déchire au dedans, la *livre aux
juifs*, aux protestants, aux sectaires de tout genre.
Contre tant d'ennemis, on ne lui voit que des conseils sans sagesse et des mains sans vigueur. Qu'ar-
rivera-t-il de l'Autriche ? Restera-t-il une Autriche
en Italie, restera-t-il même une Autriche en Allemagne ? Et si l'Autriche succombe, il n'y a plus d'Allemagne catholique, comme il n'y a plus d'Italie
catholique, Rome une fois tombée. »

Prophétie contre la Belgique : « Le gouvernement
belge se souvint trop en 1849 qu'il est voué à la
neutralité et la nation, négligeant le plus saint usage
qu'un peuple puisse faire de la liberté, ne sut point
exiger de place dans la croisade... On dira que la
Belgique n'en est pas moins prospère... Je me contente d'observer que les prospérités de la Belgique
n'ont pas été sans mélange. Qui viendrait garantir
les destinées de la Belgique ?... Si la Belgique avait
été moins indifférente aux plans de ceux qui se pro-
posaient dès 1848 d'exproprier le Pape, elle pour-
rait moins craindre aujourd'hui d'être elle-même
incorporée. »

Prophétie contre le Piémont : « En attendant que l'Italie, qui n'est qu'un fait décrété soit un fait accompli, la situation aujourd'hui certaine de l'État et de la dynastie de Charles-Albert se résume en deux mots : deux provinces de moins et deux milliards de dette de plus... Si le Piémont avait été simplement italien, au lieu d'être révolutionnaire, s'il avait simplement voulu faire l'Italie et non défaire la Papauté, peut-être que le Piémont aurait grandi d'une manière plus pure et plus sûre... Je sais que le Piémont est devenu l'Italie. Cela est fait... sur le papier. Mais le papier souffre des ratures. Dieu n'a pas dit son dernier mot : mais il n'a pas laissé de parler d'une voix assez menaçante. Les grandeurs du Piémont sont encore moins affermies que les prospérités de la Belgique. »

Prophétie contre Rome : « Avec Rome disparaîtra l'Italie catholique pour faire place à une Italie révolutionnaire, protestante de fait, gouvernée par des mains brutales qui se donnent la mission de supprimer le *chancre* de la Papauté. C'est le programme de Garibaldi.... Pour un grand nombre la patrie catholique n'existe plus ou elle est abjurée, ils sont insensibles à ses malheurs... D'autres, aveuglés par la prévention anti-catholique, sont plus portés à se réjouir qu'à s'affliger des avantages du protestantisme... Avec cela l'indépendance « spirituelle » du Saint-Père assurée dans les domaines du roi d'Italie par la stipulation des diplomates et la parole d'honneur la plus sacrée du loyal et chrétien comte de Cavour ! »

Prophétie contre soi-même : « Bientôt quand nous réclamerons la liberté de la charité, on nous répon-

dra comme le *National* de 1840 : la liberté à vous!
rien ne vous est dû que l'expulsion. »

Prophétie contre la France : « Waterloo! »

C'est là que les mystères sont les plus grands. Nous
redirons donc comment, selon Veuillot, était arrivé
le premier Waterloo:

« Napoléon, prenant les Prussiens pour une division française qu'il attendait, dégarnit la droite de
son armée, et là fut le sort du combat. Par cette
erreur du capitaine catholique, les nations protestantes restèrent victorieuses. »   'Voilà une perte
de bataille bien expliquée! Et comme cela justifie
bien la solennité de la période précédente : « Si jamais la main de Dieu fut signalée dans les affaires
des hommes, ce fut bien en ce formidable dénoue-
ment de l'une des plus sanglantes tragédies qui aient
été jouées sur la terre. »

Nous savions bien que lorsque le feld-maréchal
Blücher était arrivé au hameau de la Haye, le premier corps de l'armée prusso-saxonne, commandé
par le général Ziethen, culbuta la troupe qui le dé-
fendait; c'était la quatrième division du premier
corps. Accablée par des forces aussi nombreuses,
elle céda le terrain. La trouée faite, la cavalerie
ennemie inonda le champ de bataille. — Mais nous
ignorions que Napoléon ait dégarni sa droite juste
au moment décisif. Ce n'est point une erreur de
Napoléon qui l'avait dégarnie, mais de mitraille :
cette division (au hameau de la Haye) qui avait déjà
beaucoup souffert dans la journée, était à peine de
trois mille cinq cents hommes, et le corps de Zic-
then comptait plus de treize mille combattants, ren-

forcés de la brigade de cavalerie anglaise que le duc de Wellington avait précédemment détachée vers Ohain.

Ce sont là les récits les plus authentiques. Mais pourquoi M. Veuillot tronque-t-il l'histoire? Tout simplement pour le besoin d'une comparaison. Nous n'en priveorns point le lecteur : « Je ne puis m'en défendre, ce Piémont que l'on prend pour un ami et pour un renfort, me rappelle l'arrivée des Prussiens sur le champ de bataille de Waterloo, la droite de l'armée catholique dégarnie et la bataille perdue. » M. Veuillot avait d'abord songé, sans doute, à certains rapprochements avec Grouchy. Ayant supprimé Grouchy pour s'en tenir à Blücher, il tombe dans le pathos le plus indescriptible. De quelle droite de l'armée catholique parle-t-il? A quelle circonstance funeste de dissentiments entre le Piémont et la France fait-il allusion? En ce cas, la France n'a-t-elle pas le versant des Alpes; et alors pourquoi les passer sous silence.

Mais ce n'est qu'une image de la guerre de 1859 que l'auteur a voulu présenter : Après la campagne de Rome (1849) et la campagne de Crimée (1856), la France n'avait en face d'elle que l'Angleterre, comme en 1815 à la rencontre suprême du mont Saint-Jean; mais dans quelles conditions incomparablement meilleures !... Le Piémont parut et tout changea d'aspect. L'Angleterre fut soudain proclamée une alliée solide; soudain la France et l'Autriche apprirent avec un égal étonnement qu'elles étaient ennemies. Et bientôt l'épouvante se répandit dans le monde catholique, parce que l'on vit que la royauté, c'est-à-dire l'indépendance du chef de l'Église, n'était plus en sûreté. — Qui déchiffrera jamais cet apocalypse de sottise?

Cette brochure ne serait point de M. Veuillot, s'il n'y avait quelque peu de venin. Ainsi il lance ce trait empoisonné : « Les événements s'acheminent peut-être à nous donner l'île de Sardaigne. » M. Veuillot n'ignore pas que rien ne peut irriter davantage les Italiens que de tels propos, si sots soient-ils. Mais s'il pouvait diviser les Italiens et les Français, il y verrait grand profit.

De même quand il dit de la Prusse qu'elle n'est plus en Allemagne que le type de l'ambition intrigante et irrésolue, c'est qu'il lui en veut de n'avoir pas assisté l'Autriche. Et s'il soulève la question des rives du Rhin, c'est moins par un élan de patriotisme que pour attiser la coalition.

Quand il attaque l'Angleterre et voudrait nous brouiller avec elle, ce n'est pas pour que l'Irlande ou l'Ionie en soient plus libres, mais pour que l'Italie en soit moins appuyée, et, pense-t-il, la Papauté moins entravée.

M. Veuillot s'est dit qu'il était habile d'exploiter au profit du catholicisme les vieilles rancunes de la France contre l'Angleterre. Il rappelle qu'il a été le premier, après le 14 janvier 1858, à dire dans un journal du vieux parti clérical (c'est-à-dire dans *l'Univers*) : Il faut vider le repaire. Mais c'est en vain qu'il essaierait de rallumer un ressentiment éteint dans le cœur de l'Empereur en criant plus haut que jamais : Vidons le repaire. Il a été vidé par l'amnistie. Et ce n'est pas des républicains assurément que l'Empereur ait rien à craindre aujourd'hui.

Laissez en repos la mémoire d'Orsini, de qui la lettre suprême à l'Empereur a effacé bien des choses. Et souvenez-vous du prêtre Verger qui, au pied de l'autel, frappa son archevêque. C'est en vain que vous voudriez faire prendre le change. Ni Jacques Clément ni Ravaillac n'étaient révolutionnaires. La théorie du régicide a été faite par des théologiens. Ce sont les Jésuites qui ont donné la formule : La fin justifie les moyens.

Rien n'est plus opportun que de méditer en ce moment sur les complications et les crises qui ont perdu le premier empire. Car de nombreux ennemis ourdissent leurs trames au dedans et au dehors, et se flattent de prendre le neveu aux mêmes embûches que l'oncle. Heureusement l'Empereur est plus au courant que ses adversaires de tout ce qui concerne l'époque impériale.

Toutes les falsifications historiques intéressées ne serviront à rien. Ce qui a perdu l'Empire, c'est la coalition des puissances secondée par les intrigues et les trahisons de l'intérieur. Napoléon Ier avait fait de trop grandes concessions aux hommes de l'ancien régime : et ils l'ont livré. L'empereur le sait. Il sait aussi qu'un seul mot de sa bouche peut faire jaillir l'enthousiasme de toutes les âmes françaises.

Un acte vraiment napoléonien et populaire fera rentrer dans le néant les ennemis de l'Empereur et des peuples.

10 mai 1861.